BEI GRIN MACHT SICH IHR WISSEN BEZAHLT

Maren Thoden

Doping in der DDR. Leistungssteigerung um jeden Preis?

GRIN Verlag

Bibliografische Information der Deutschen Nationalbibliothek:

Die Deutsche Bibliothek verzeichnet diese Publikation in der Deutschen National-
bibliografie; detaillierte bibliografische Daten sind im Internet über http://dnb.d-
nb.de/ abrufbar.

Impressum:

Copyright © 2012 GRIN Verlag GmbH
Druck und Bindung: Books on Demand GmbH, Norderstedt Germany
ISBN: 978-3-656-84972-8

Dieses Buch bei GRIN:

http://www.grin.com/de/e-book/284686/doping-in-der-ddr-leistungssteigerung-um-
jeden-preis

GRIN - Your knowledge has value

Der GRIN Verlag publiziert seit 1998 wissenschaftliche Arbeiten von Studenten, Hochschullehrern und anderen Akademikern als eBook und gedrucktes Buch. Die Verlagswebsite www.grin.com ist die ideale Plattform zur Veröffentlichung von Hausarbeiten, Abschlussarbeiten, wissenschaftlichen Aufsätzen, Dissertationen und Fachbüchern.

Besuchen Sie uns im Internet:

http://www.grin.com/

http://www.facebook.com/grincom

http://www.twitter.com/grin_com

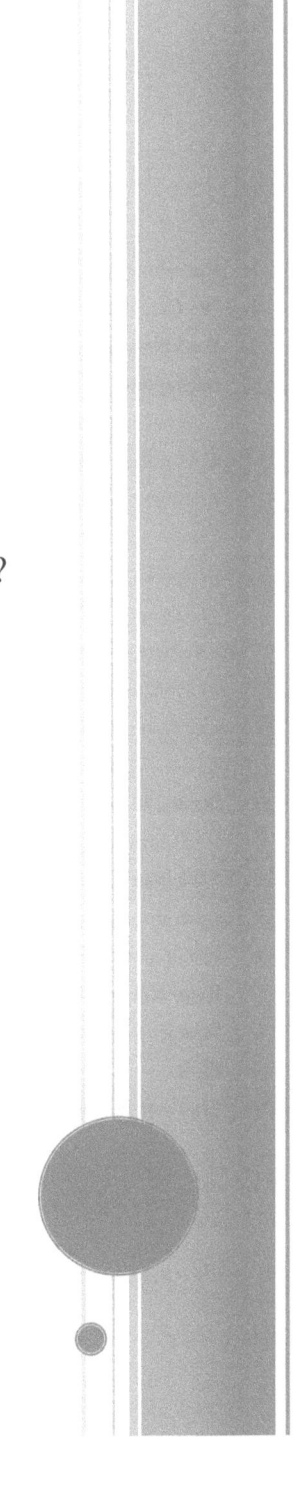

DOPING IN DER DDR-

Leistungssteigerung um jeden Preis?

Maren Thoden

20/03/2012

Inhaltsverzeichnis

1 Einleitung

„Der Sport ist kein Selbstzweck, sondern Mittel zum Zweck!"[1] Dieses Zitat gibt im Großen und Ganzen die damaligen Umstände der DDR wieder. Doping war einerseits dazu da, die einzelnen Sportler zu verbessern. Andererseits aber auch, und darauf legte die DDR ihr Hauptaugenmerk, um sich selbst in der Gesamtwertung gut nach außen hin darzustellen. Zwangsdoping wurde somit verwendet, um internationale Anerkennung für die

Abb. 1: Die Olympischen Spiele 1972 in München

Parteidiktatur zu gewinnen. Die daraus entstandenen sozialen, wie auch körperlichen Folgen machen sich erst heute richtig bemerkbar, so dass man sich als Außenstehender zunehmend fragt, warum immer noch gedopt wird, obwohl die Folgen mittlerweile doch bekannt sind.

Wenn man heute an die DDR denkt, kommt einem meistens direkt die diktatorische Politik in den Sinn. Und genau darin findet sich der damalige Sport wieder. Der Sport war damals, anders als heutzutage, mehr an die Politik gekoppelt. Die SED war es, die bestimmte, welche Sportarten man zum Beispiel bei den Olympischen Spielen antreten ließ und welche nicht. Die Auswahlkriterien waren hierbei nichts anderes als die Gewinnchancen. Leider erkannte man damals die Folgen des Zwangsdopings nicht, so dass viele Menschen unter ihm leiden mussten.

Deswegen möchte ich in meiner Facharbeit das Thema Doping ein wenig erklären und vor allem auf die Folgen aufmerksam machen. Zudem möchte ich versuchen das Thema verständlicher zu machen, wobei das Beispiel Andreas Krieger helfen soll.

---

[1] Welt Online: Sport ist Mittel zum Zweck. 2009. URL: http://www.welt.de/die-welt/kultur/article5332196/Sport-ist-Mittel-zum-Zweck.html. (Stand: 22.01.2012).

2 Die Geschichte des Dopings und dessen Definition

Nach Berichten von Galenos, einem griechischen, antiken Arzt und Anatom, der während der Olympischen Spiele die Athleten „studierte", begann das Doping schon zur Zeit der Antike. In ihnen wird beschrieben, dass die damaligen Athleten sehr auf ihre Ernährung achteten und vor Wettkämpfen Stierblut, Alkohol, Stierhoden oder Atropin zu sich nahmen. Später tauchten bei den Berserkern der nordischen Mythologie Rausch- bzw. Dopingmittel wie die Droge Bufotenin, welche aus Fliegenpilzen gewonnen wird, auf. Diese bewirkten angeblich eine Steigerung der Kampfkraft um das Zwölffache. Zudem sollen Griechen und Römer zu Mohn und dem daraus entstehenden Opium, einem Schmerzmittel, gegriffen haben, um ihre Leistungsfähigkeit zu steigern.

Um etwa 1500 herum kauten die Inkas Koka-Blätter und tranken Mate-Tee sowie Kaffee um Höchstleistungen zu erbringen.

Mitte des 17. Jahrhunderts wurde das Doping von Pferden zum ersten Mal in der Öffentlichkeit erwähnt. In dieser Zeit stand jedoch das leistungsmindernde Doping im Vordergrund wie zum Beispiel das vergiften von Pferden durch Arsen, um bei Wettgeschäften zu gewinnen. Jedoch wurde der erste offizielle Fall erst 1812 entdeckt, als die Täter auf frischer Tat ertappt wurden, da man die illegalen Substanzen noch nicht Nachweisen konnte. Erst mit den

Abb. 2: Koka-Blätter

Fortschritten in der pharmazeutischen Industrie wurde das leistungssteigernde Doping ein Thema. 1910 konnte dadurch erstmals das Doping bei Pferden in Österreich durch die Untersuchung des Speichels nachgewiesen – man fand Spuren von Alkaloiden.

5

In der zweiten Hälfte des 19. Jahrhunderts kam es dann erstmals zum Doping im Sport. Im Radsport war die „schnelle Pulle" Gang und Gäbe. Diese Trinkflasche beinhaltete koffeinhaltige Mischungen oder auch Mischungen aus alkoholhaltigen Getränken. Die Sprinter setzten besonders auf Nitroglycerin. 1886 gab es dann den ersten Dopingtoten: Beim Rennen Bordeaux-Paris starb der Engländer Linton an einer Überdosis Trimethyl. Der erste deutsche Sportler, der nachgewiesen an Doping – hier Pervitin – starb, war der Boxer Jupp Elze. Hätte Jupp nicht vor seinem Kampf Pervitin genommen, hätte er wahrscheinlich vorzeitig aufgeben müssen und wäre so dem tödlichen Schlag auf den Hinterkopf entkommen. Jupp

Abb. 3: Jupp Elze

starb nach acht Tagen im Koma an Hirnblutungen. Nicht nur die darauffolgende Bekämpfung von Doping war ein Problem, sondern auch die richtige Definition des Dopings. Die Amerikaner mit dem Alkoholkonsum, die verschiedenen Verabreichungsformen oder auch das negative Doping machen es immer schwerer, Doping sinnvoll zu definieren.

Doping bedeutet die Einnahme von unerlaubten, leistungssteigernden Medikamenten. Der Grund für das Verbot ist in erster Linie die unfaire und nicht trainingsbedingte Leistungssteigerung, die durch diese Dopingmittel hervorgerufen wird.

Nach Artikel 1 und 2 des Anti-Doping-Code der Nationalen Anti-Doping-Agentur (NADA-Code – Version 2.0, Stand 1. Januar 2006) ist Doping zurzeit wie folgt definiert:

Artikel 1: Definition des Begriffs Doping

Doping wird definiert als das Vorliegen eines oder mehrerer der nachfolgenden in Artikel 2.1 bis Artikel 2.9 festgelegten Verstöße gegen Anti-Doping-Bestimmungen.

Artikel 2: Verstöße gegen Anti-Doping-Bestimmungen (siehe Anhang).

3 Funktionsweise von Dopingmitteln

Unser Körper besitzt grob gesehen zwei Phasen der Leistungsfähigkeit. Eine davon ist die, in der wir uns jeden Tag befinden (blau). Am Leistungsstärksten sind wir zwischen 7 und 19 Uhr. Wenn man nun ein Dopingmittel zu sich nimmt, werden bereits vorhandene Reserven frei, welche sich autonom geschützte Reserven nennen. Normalerweise kann ein Mensch diese nur unter Todesangst erreichen. Jedoch ist der Körper nicht auf eine langfristige Verwendung dieser Reserven ausgelegt, sodass es zu schwerwiegenden Nebenwirkungen kommen kann.

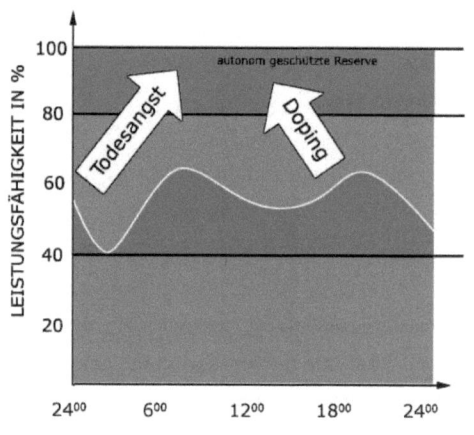

Tagesrhythmus:
variiert zwischen 40% und 65%
Ermüdungsgrenze: liegt bei 80%

Autonom geschützte Reserve:
völlige Erschöpfung, es bleibt
immer ein geschützter Bereich,
außer in Todesangst oder durch
Doping

Abb. 4: Diagramm zur Leistungsfähigkeit innerhalb eines Tages

4 Dopingmittel - Wirkungen und Nebenwirkungen

4.1 Verbotene Substanzen

4.1.1 Anabole Wirkstoffe

„Die Gruppe der anabolen Wirkstoffe wird in der Trainingsphase von Athleten verwendet, um durch die anabolen Wirkungen dieser Substanzen einen stärkeren Muskelaufbau und damit verbunden eine Verbesserung der sportlichen Leistung zu erzielen."[2]

Seit 1993 sind sie unterteilt in:

1) Anabole androgene Steroidhormone (AAS)
   a) Exogene AAS
   b) Endogene AAS
2) Andere anabole Substanzen

4.1.2 Anabol-androgene Steroide (AAS)

Testosteron, die Modellsubstanz für diese Gruppe, führt durch seine anabole Wirkung zu einer Zunahme der Muskelmasse und einer Verringerung des Fettanteils am Gesamtkörpergewicht sowie zu einer Verringerung des Eiweißabbaus. Es sorgt zudem für eine positive Stickstoffbilanz und für eine Vermehrung der Erythrozyten und der Hämoglobinkonzentration, sodass mehr Sauerstoff durch den Körper transportiert werden kann. Daneben wirkt es auf die Knochenreifung. Der Effekt aller von Testosteron abgeleiteten synthetisch hergestellten anabolen Steroide ist ähnlich.

Der Grund, warum die Leistungsfähigkeit durch anabole androgene Steroide steigt, ist eine erhöhte Aggressivität und eine verbesserte Motivation, sowie ein bessere Eiweißverwendung, die zu einer besseren Regenerationsfähigkeit führt.

---

[2] Institut für Biochemie der DSHS Köln: Anabole Wirkstoffe – Steroidhormone und andere anabole Wirkstoffe.2008.URL:http://www.dopinginfo.de/rubriken/01_doping/04.html. (Stand: 04.01.2012)

4.1.3 Hormone und verwandte Wirkstoffe

Hormone und verwandte Wirkstoffe gehören zu den Doping-Substanzen, die der Körper auch selbst Herstellen kann. Sie besitzt eine schwere Nachweisbarkeit und haben damit heutzutage die anabolen Steroide in der Wettkampfvorbereitung verdrängt. Eins der bekanntesten Hormone ist Erythropoietin (Epo). Epo wird in den Nieren gebildet und gelangt von dort über die Blutbahnen ins Knochenmark. Hier regt es die Bildung der roten Blutkörperchen an, sodass, wie schon beim Testosteron, die Hämoglobinkonzentration steigt und somit mehr Sauerstoff im Körper transportiert werden kann.

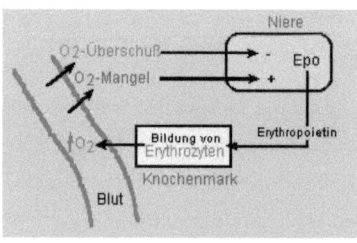

Abb. 5: Funktionsweise von Erythropoietin

4.1.4 Narkotika

Die zentral wirksamen Narkoanalgetika werden vor allem in Kampfsportarten eingesetzt, bei denen es leicht zu Schmerzen kommen kann. In geringen Dosen heben sie die Motivation. Zudem sollen sie einen Leistungsrausch auslösen und dabei gleichzeitig Schmerzsignale unterdrücken.

4.1.5 Diuretika und andere Maskierungsmittel

Maskierungsmittel werden dazu eingesetzt, die Ausscheidung verbotener Wirkstoffe zu behindern, verbotene Wirkstoffe im Urin oder anderen Proben, die in der Doping-Kontrolle benutzt werden, zu verdecken und hämatologische Parameter zu verändern. Die Einnahme von Diuretika sorgt zum Beispiel verbunden mit einer erhöhten Flüssigkeitseinnahme für einen geringer konzentrierten Urin, sodass der analytische Nachweis verbotener Substanzen erschwert wird.

4.2 Verbotene Methoden

4.2.1 Erhöhung des Sauerstofftransfers

Die Ausdauerleistungsfähigkeit des Menschen hängt wesentlich davon ab, wie viel Sauerstoff er aufnehmen kann. Eine wichtige Rolle spielen hierbei das maximale Herzzeitvolumen und die Sauerstofftransportkapazität des Blutes. Derzeit werden im Leistungssport verschiedene Methoden angewandt, um die Ausdauerleistungsfähigkeit zu verbessern. Zulässig sind Maßnahmen wie Höhentraining oder auch Training in der Höhenkammer. Nicht erlaubt ist dagegen z.b. Blutdoping:

-Blutdoping ist eine Methode, in der die Hämoglobinkonzentration durch Transfusion von Blutreserven künstlich erhöht wird, was dazu führt, dass mehr Sauerstoff aufgenommen werden kann.

4.2.2 Chemische oder physikalische Manipulation

Hierunter ist der Gebrauch, oder der versuchte Gebrauch von Substanzen und Techniken zu verstehen, um die Unversehrtheit und Gültigkeit von Urinproben bei Doping-Kontrollen zu beeinträchtigen. Beispiele sind die Katheterisierung, der Austausch und/oder die Verfälschung des Urins. Darüber hinaus sind intravenöse Infusionen verboten, es sei denn, sie dienen der gerechtfertigten medizinischen Behandlung.

4.2.3 Gendoping

Der Begriff Gendoping beschreibt die missbräuchliche Beeinflussung der körpereigenen Genaktivität, sei es durch Aktivierung, Verstärkung, Abschwächung oder Blockade mit der Absicht, die sportliche Leistungsfähigkeit zu erhöhen. Die Modifikation der Genaktivität ist ein wichtiges Gebiet der modernen Pharmaforschung. Sie umfasst zum Einen die eigentliche Gentherapie und zum Anderen die hochkomplexe physiologischen Vorgänge rund um die Regulation der Genexpression. Hieraus ergibt sich eine Vielzahl von Ansatzpunkten für pharmakologische und molekularbiologische Modulation, die theoretisch in gleicher Weise zu Doping-Zwecken genutzt werden können.

Die Dopingmittel die in der DDR genutzt wurden, werden im Anhang aufgezählt.

5 Doping in der DDR

5.1 Allgemeines

Doping in der DDR, auch Staatsplanthema 14.25 genannt, bezeichnet ein staatlich organisiertes Dopingprogramm unter dem ca. 10.000-12.000 Sportler/innen litten und ca. 800 Sportler/innen sterben mussten. Jährlich wurden rund 5 Millionen Mark in die Dopingforschung investiert. Auch das Doping von minderjährigen Sportler/innen war weit unter der Anwendung *„Legende Verabreichung von Vitaminen"*[3] verbreitet.

Das Anabolikadoping war die Basis des DDR-Sports und seiner „Erfolge": Dabei gingen alle von fünf Hauptwirkungen der Anabolika, bzw. anderer Mittel zur Erhöhung der Konzentration androgener Steroide aus:

---

[3] Wikipedia: Sport in der DDR. URL: http://de.wikipedia.org/wiki/Sport_in_der_DDR#cite_note-8. (Stand: 17.03.2012).

1) Es kommt zu einem Muskelwachstum, wenn gleichzeitiges intensives Krafttraining absolviert wird.

2) Die Belastbarkeit im Training erhöht sich, sodass der Sportler häufiger und mit höherer Intensität trainieren kann, da die Erholungspausen kürzer gehalten werden können. Dadurch lassen sich technische Bewegungsabläufe besser erlernen und verfestigen.

3) Der/Die Sportler/innen fühlen sich unglaublich Leistungsfähig und manchmal auch aggressiv („feeling of well-being"): eine psychische Leistungsbereitschaft, die von Euphorie bis hin zur Raserei, dem „Steroid-Wahn" führen kann.

4) Die „aerobe Kapazität" (max. Sauerstoffaufnahmevermögen pro Zeiteinheit) kann bis zu 11% gesteigert werden, sodass es auch bei Dauerleistungen förderlich ist.

5) Der weibliche Körper lässt sich mit Anabolika verändern: wenn einem Mädchen zwischen dem 12 und 17 Lebensjahr androgene Hormone verabreicht werden, wird ein männliches Körperprofil entwickelt. Eine irreversible Androgenisierung, die intensives Training voraussetzt, aber während der gesamten späteren Karriere anhält. Diese Art von Doping im Kinder- und Jugendsport wird auch als „Body Shaping" oder „Body Engineering" bezeichnet.

5.2 Die präanabole Phase

Der „Sportmedizinische Dienst der DDR" wurde in unterschiedliche Einrichtungen unterteilt, welche alle eine andere Funktion hatten. Dies diente der gegenseitigen Kontrolle ebenso wie der Effizienz.

Der „SMD" („Sportmedizinische Dienst der DDR) wurde als eine staatliche Einrichtung 1963 gegründet und stand unter der Aufsicht des Staatssekretariats für Körperkultur und Sport (SKS) und fachlich teilweise unter der des Ministeriums für Gesundheitswesen (MfG).

Aufgabe des „SMD" war es, die Sportler in sämtlichen medizinisch-gesundheitlichen Fragen zu unterstützen und zu betreuen.

„Dopingmittel wurden in der DDR „Unterstützende Mittel" („UM") genannt. Hauptzuständig für die „Unterstützenden Mittel" (einschließlich der Vergabe und Kontrolle der Präparate vor Ort) war der „Stellvertreter Leistungssport" des jeweiligen Bezirkssportarztes."[4]

Die rechtliche Situation sah im Handlungsfeld der DDR-Sportmedizin wie folgt aus:

- Die Ärzte waren Angestellte des Staates und waren somit von Weisungen abhängig,
- Es galten exakte Vorschriften über die ärztliche Tätigkeit „am Menschen", zu denen auch die Spitzensportler gezählt haben; es gab keine Grauzone, da Unfälle und Invaliditätsfälle im Leistungssport den im Beruf erlitten gleichgestellt wurden und prinzipiell die gleichen Verfahrensweisen zu befolgen waren. Ferner war nach § 115 StGB „ vorsätzliche Körperverletzung" strafbar.
- Beachtung der ärztlichen Ethik (Behandlung nur nach einer anerkannten Indikation und in persönlicher Verantwortung des Arztes),
- Pflicht zur (schriftlichen) Dokumentation der Behandlung,
- Inkenntnissetzung des Patienten (bei Minderjährigen der Eltern) über mögliche Risiken,
- das generelle Verbot von Experimenten mit Kindern unter 14 Jahren.

Direkt zu erkennen ist, dass die letzten beiden Punkte nicht eingehalten worden sind. Es ist bekannt, dass nur sehr wenige Sportler über das, was sie an Dopingmitteln bekamen, bescheid wussten. Den Meisten wurde eingeredet, dass jene Präparate „unterstützende Mittel" seinen, sie vollkommen legal wären. Auch über die damals bekannten Risiken und Folgen (-> siehe „8 Weitere Folgen") wurde keine Auskunft gegeben. Die Gesetze waren hauptsächlich dazu da, das gute Bild nach außen nicht zu zerstören und sich nicht zu verraten.

---

[4] Giselher Spitzer: Doping in der DDR: Ein historischer Überblick zu einer konspirativen Praxis. Band 3. (3. Aufl.). 2004. S.2.

13

5.3 Die anabole Phase

Die nächste Phase des Dopings, die anabole Phase, bezeichnet vor allem die Entstehung des Zwangsdopings. 1965 wurde das bekannteste und meist verwendete Steroid Oralturinabol („Turinabol") klinisch zugelassen.

Die Schuster-Initiative brachte 1964 den Durchbruch des Dopings durch die Erfindung des Staatdopingssystems in dem Sportclub „Dynamo". Beginnend mit dem Vorschlag Schusters an seinen Dienstvorgesetzen, den Staatssekretär Alfred B. Neumann, über konkrete Wege zur Nutzung von Dopingmitteln, verbreitete sich die Nutzung von vor allem Oralturinabol, schnell. Die allerersten Versuche, die 1966 zur EM von Dr. Höppner gemacht wurden, waren die Grundlagen für das weitere Doping, denn die dabei gewonnenen Erfahrungen waren durchweg positiv. Ein Dynamo-Werfer (Name durfte nicht veröffentlicht werden) steigerte seine Leistung abrupt um 5%, sodass er auf fast 3 Meter kam.

Seit 1970 gibt es darum die „AG Ernährung" und am 6. Juli 1971 ist der Rahmentrainingsplan mit „medizinischen Maßnahmen" für viele Sportarten fertiggestellt worden. Hierbei handelt es sich nur um den Sportclub „Dynamo", welcher schon vor 1974 die Grundlagen für Doping geschaffen hatte. Erst dann wurde die *„zentrale Anwendungskonzeption für alle Sportarten durch Kooperation von Trainern und Arzt und Pflicht der Teilnahme an den biochemischen Manipulationen durch die Sportler"*[5] entwickelt.

Die Geheimhaltung des Dopings konnte letztlich auch bei den Europameisterschaften 1974 in Rom aufrecht erhalten werden. Unter den 17 positiv getesteten Sportler/innen befanden sich nämlich keine DDR-Sportler. Dies lässt sich auf die Methodik des DDR-Leistungssportsystems zurückführen: *„Dies hängt damit zusammen, dass derartige Präparate bis zu 20 Tagen nach der Einnahme nachweisbar sind, wir aber unseren Sportlern bereits 25 Tage vor dem Wettkampf keine UM mehr verabreicht haben."*[6]

---

[5] Giselher Spitzer: Doping in der DDR: Ein historischer Überblick zu einer konspirativen Praxis. Band 3. (3. Aufl.). 2004. S.24-25
[6] Giselher Spitzer: Doping in der DDR: Ein historischer Überblick zu einer konspirativen Praxis. Band 3. (3. Aufl.). 2004. S.30

6 Problematik des Zwangsdopings

„Sport und Körperkultur standen in der sozialistischen Erziehung neben der geistigen Bildung an erster Stelle. Neben dem sogenannten Breitensport wurden fähige und talentierte Sportler und Sportlerinnen bis zur Perfektion trainiert. Sie waren weniger nur wegen ihrer herausragenden sportlichen Leistungen gefeiert, mehr als Aushängeschild für die sozialistische Erziehung und die Fähigkeiten des sozialistischen Staates, der Arbeiter und Bauern."[7]

Die Allgemeine Problematik des Zwangsdopings bestand hauptsächlich in der Ausübung des Dopings sowie dessen Begründung. Gedopt wurde größten Teils ohne das Wissen des Sportlers, oft sogar ohne Wissen der Trainer. Mit dem damit erreichten Erfolg wollte die DDR Aufmerksamkeit, vor allem aus den Reihen des Westens erlangen, da dieser die DDR lange Zeit ignorierte. Durch den sportlichen Erfolg wurde dies immer schwieriger – die DDR erhielt ihre Anerkennung - auf Kosten der Sportler.

---

[7] Doping Aktuell: Doping in der DDR. URL: http://www.on-dope.de/doping-in-der-ddr. (Stand: 03.03.2012)

7 Heidi Krieger/Andreas Krieger

Andreas Krieger wurde am 20. Juli 1965 als Heidi Krieger in Berlin geboren. Mit 13 Jahren fing sie an sich für Leichtathletik zu interessieren. Zu Beginn war sie eine Hürdenläuferin, doch später kristallisierte sich ihr Wurftalent heraus. Ihrem damaliger Trainer Bernd Knobloch gelang es, sie als 14 jähriges Mädchen auf die Kinder und Jugendsportschule Werne Seelenbinder des Eliteclubs SC Dynamo Berlin unter zu bringen. Hier ist bekannt, dass ihr spätestens mit 16 Jahren ohne ihr Wissen Anabolika und männliche Hormone eingeflöst wurden. Von 1982-1984 soll ihm zu dem eine hohe Dosis an Oral-Turinabol verabreicht worden sein.

Abb. 6: Andreas Krieger

„Ich bin sehr oft gefragt worden, warum ich überhaupt Tabletten geschluckt habe. Man hat sie mir gegeben, ich hab sie geschluckt. Diese ganze Geschichte funktionierte ziemlich schleichend." [8] Was Andreas uns damit sagen will, ist, dass man sich damals keine Gedanken darüber gemacht hat, was man einnimmt. Man gewöhnte die jungen Menschen daran, indem die Trainer ihnen erzählten, es seien Vitamine, die sie zu nehmen hätten, sodass sie nicht krank würden.

„Mit der Gabe von Anabolika ab 16 Jahren wurde Heidi Teil des Staatsplanes 14.25, eines Planes, wonach staatlich gesteuertes, kontrolliertes Doping systematisiert wurde." [9]

Zudem bekam Andreas irgendwann die Anti-Babypille zugewiesen, mit der Begründung, dass er vor einem sportlichen Höhepunkt nicht ungewollt schwanger werden sollte. Jedoch setzte er diese irgendwann eigenmächtig ab, da er wenig Interesse an Jungs hatte und auch öfter vergaß sie einzunehmen. Nach dem er dies tat, bekam er massive Brustbeschwerden, woraufhin er wieder zum Frauenarzt musste, der ihm jedoch nur das Schmerzmittel

---

[8] Maki: Heidi Krieger – Andreas Krieger. 2011. URL: http://www.cycling4fans.de/index.php?id=4773. (Stand: 26.02.2012).

[9] Maki: Heidi Krieger – Andreas Krieger. 2011. URL: http://www.cycling4fans.de/index.php?id=4773. (Stand: 26.02.2012).

Rewodina verschrieb. Ferner meinte der Arzt, Andreas müsse mit den Konsequenzen leben. Hätte er vorher gewusst, dass es zum Ausgleich zu den männlichen Hormonen dient, hätte er die Pille niemals von selbst abgesetzt. Außerdem wurde bekannt, dass man die Babypille auch aus einem weiteren Grund verschrieb: es bestand die Gefahr, dass die neu geborenen Kinder durch die zu hohen Anabolika-Dosen Missbildungen gezeigt hätten. Durch das gute Training, die Pillen und den Ehrgeiz, gewann Andreas 1986 die Goldmedaille im Kugelstoßen der Frauen bei den Europameisterschaften in Stuttgart – doch es folgten körperliche Probleme: Die Gelenke fingen an zu schmerzen, der Rücken und die Hüfte folgten kürzlich, die Schmerzen nahmen ständig zu, selbst Therapien und Rehabilitationsmaßnahmen brachten keine Besserung. 1991 stellten Ärzte dann fest, dass Becken- und Oberschenkelschmerzen ihren Ursprung in Rückenproblemen hätten. Somit war für Andreas der Leistungssport mit erst 26 Jahren Vergangenheit. Im selben Jahr erfuhr er, dass er, wie viele andere auch, gedopt worden war. 1997 kam es dann zu einer geschlechtsangleichenden Operation: da er sich schon immer so fühlte als wäre er im falschen Körper gefangen, freute er sich auf sein neues Leben:

"Als ich damals diese Hormone bekommen habe von dem Arzt, der mich operiert hat, der hat zu mir gesagt, Andreas ich kann dir nicht sagen, dass es nicht eventuell zu einer hormonellen Krebserkrankung bei dir kommen kann. Ich will es nicht wissen, ich will es echt nicht wissen. Das was ich will, ist ein paar Jahre glücklich sein und wenn sie kurz sind, dann sollten sie wenigstens glücklich gewesen sein." [10]

Laut dem Arzt, Prof. Franke, ist es möglich, dass seine Transsexualität aufgrund der verabreichten, männlichen Hormone entstanden ist. Zudem verspürt er heute immer noch Wut und versteht nicht, wie Trainer, Ärzte und Funktionäre so menschenverachtend mit Jugendlichen umgehen konnten. Heute kämpft Andreas für die Rechte der Dopingopfer und hilft ihnen dabei, mit der Situation umzugehen. Er will Zeichen setzen und darauf Aufmerksam machen, was geschehen ist.

Darum gilt Andreas Krieger heute als eines der bekanntesten Dopingopfer der DDR.

---

[10] Maki: Heidi Krieger – Andreas Krieger. 2011. URL: http://www.cycling4fans.de/index.php?id=4773. (Stand: 26.02.2012).

8 Weitere Folgen

Nebenwirkungen	%	Dosierung*
Tonuserhöhung der Skelettmuskulatur	65	1,4,5
Gewichtzunahme	23	1,4,5,6
Muskelkrämpfe	15	1,3
Regeltempostörungen	15	5,1
Probleme mit Begleitmedikation	10	7,8
Akne/Hirsutismus	10	7,8
Veränderungen Libido/Potenz/Fertilität	8	1,5,7,8
Ödemneigung	2	1
Durchfälle, Obstipation	2	1,6
Funktionelle oder morphologische Leberstörungen	0-1	7,8,5

* 1 Dosierung > 15 mg/Tag; 2 Dosierung < 5 mg/Tag, 3 kurzes Behandlungsintervall ≤ 14 Tage; 4 langes Behandlungsintervall ≥ 28 Tage; 5 gleichzeitige Medikation hormoneller Kontrazeptiva; 6 erste Medikation; 7 hohe Dosierung pro Jahr (>1000mg); 8 lange Anwendungszeit (≥ 5 Jahre)

Abb. 7: Medizinische Nebenwirkungen bei der Anwendung von Oral-Turinabol

Weitere bekannte Nebenwirkungen:

→ Haarausfall

→ Schrumpfen der Hoden

→ Gestörte Spermaproduktion

→ Erhöhtes Herzinfaktrisiko

→ Agressionspotential steigt

→ Absterben von Nervenzellen

→ Schwere Erschöpfungszustände

→ Zusammenbrüche, Kreislaufversagen bis hin zu Todesfällen

→ Wachstumstop bei Jugendlichen

Von anabolen Wirkstoffen: Die Nebenwirkungen sind abhängig vom Wirkstoff und von der Höhe der Dosis sowie der Dauer der Einnahme. Allgemein kommt es zu Akne und Wassereinlagerungen im Gewebe. Außerdem können Folgen wie Schädigungen des Herz-Kreislauf-Systems (Veränderung des Lipidstoffwechsels), Zunahme der Herzmuskelmasse ohne Zunahme der Kapillarisierung, Leberschäden (abnormale Werte in Leberfunktionstests) und psychotrope Wirkungen (Euphorie, Steigerung der Aggressivität, Hinweise auf psychische Abhängigkeit) auftreten.

Besondere Nebenwirkungen gibt es bei Frauen: Vertiefung der Stimme durch Kehlkopfverknöcherung, Klitorisvergrößerung, männliche Behaarung, Veränderung der Fettverteilung und Störungen des Menstruationszyklus - auch Virilisierungseffekte genannt.

Besondere Nebenwirkungen bei Männern: Brustwachstum (Gynökomastie) sowie Abnahme des Hodenvolumens und der Spermienzahl.

Besondere Nebenwirkungen bei Jugendlichen: vorzeitiger Wachstumsstop und ein vorzeitiges Schließen der Wachstumsfugen in den Knochen.

Auf die Dopingopfer der DDR bezogen, kommen noch weitere psychische Schäden hinzu. Diese reichten von Aggressionen über Depressionen bis zu einer Suizidgefährdung. Darunter wurde, unter anderem, die familiäre Situation durch Aggressionen und Konflikte belastet. Weiter kam es dazu, dass viele Frauen keine Kinder mehr bekommen konnten. Außerdem suchten die Opfer häufig nach einem Sucht-Ersatz wie z.B. Alkohol. Essstörungen und amtlich anerkannte Körperbehinderungen waren zwar nicht Normalfall, doch lassen sie sich bei einigen Opfern auf das Doping zurückführen. Durch die Kommunikationsangst, welche durch den damaligen Druck entstanden ist, fällt es den Menschen schwer, sich Hilfe zu suchen. Oftmals weiß nur die eigene Familie was damals geschehen ist. Obwohl es Hilfseinrichtungen gibt, trauen sich heute viele immer noch nicht, diese aufzusuchen und sich helfen zu lassen.

9 Fazit

„Der ehemalige Spitzenfunktionär Thomas Köhler hat sich nach seinen Dopingenthüllungen bei den Opfern des DDR-Staatsdopings entschuldigt. "Das tut mir sehr leid. Dass wir im Nachhinein gemerkt haben, dass wir eine Reihe von Fehlern und Versäumnisse zugelassen haben, auch einige Dinge unterschätzt haben, Auswüchse unterschätzt haben - das tut mir sehr leid", sagte der ehemalige Vizepräsident des Deutschen Turn- und Sport-Bundes dem WDR: "Ich entschuldige mich bei den Opfern, die es tatsächlich gab. "[11]

Diese Entschuldigung macht zwar nicht alles wieder gut, doch es ist ein Anfang und vor allem eine Anlaufstelle für die Geschädigten, um mit ihrem Leid umzugehen. Auch wenn diese Aussage erst einmal Wut in den Sportler/innen auslöst und an Altes erinnert, muss man diese Entschuldigung als etwas sehr positives ansehen, denn es wird große Überwindung gekostet haben, die eigenen Fehler nach außen hin einzugestehen.

Die aufgezeigten Wirkungen von Doping erklären, warum zurzeit immer noch gedopt wird. Heutzutage ist es, im Vergleich zu damals, hingegen so, dass die Sportler es selbst wollen und nicht dazu „gezwungen" werden. Sie sind nur auf Erfolg und Karriere aus und blenden dadurch die Folgen gänzlich aus. Dies erklärt auch, weshalb Doping als ein auch noch in der Zukunft existierendes Problem angesehen wird, denn es werden immer wieder neue Hormone oder Steroide entwickelt, die den Körper zu einer höheren Leistungsfähigkeit verhelfen.

Abschließend lässt sich jedoch sagen, dass es der DDR gelungen ist, sich nach außen hin gut darzustellen. Die Strategie, die sie dabei angewandt haben, war wirklich gut überlegt und man hat von außen, außer durch die Veränderung einzelner Körper der Sportler/innen, nichts mitbekommen. Doch die Tatsache, dass rund 800 Sportler/innen in dieser Zeit an Doping starben, regt zum Nachdenken an und bestätigt noch einmal, dass die Reputation der Regierung im Vordergrund stand – um jeden Preis!

---

[11] 1a Sport: Köhler entschuldigt sich bei Doping – Opfern. URL: http://1asport.de/sport/doping/000031027/koehler-entschuldigt-sich-bei-doping-opfern.html. (Stand: 18.03.2012).

10 Literaturverzeichnis und Internetquellen

Literaturquellen:
Giselher Spitzer: Doping in der DDR: Ein historischer Überblick zu einer konspirativen Praxis, Köln, 1998, Band 3, (3. Aufl.), Sport und Buch Strauss
Giselher Spitzer: Wunden und Verwundungen: Sportler als Opfer des DDR-Dopingsystems. Eine Dokumentation., Köln, 2007, Sportverlag Strauss
Brigitte Berendonk: Doping Dokumente: Von der Forschung zum Betrug, Berlin/Heidelberg, 1991, Springer-Verlag
Karl-Heinrich Bette, Alfred Rütten: Doping im Leistungssport; sozialwissenschaftlich beobachtet, Stuttgart, 1994, Band 1, Verlag Stephanie Naglschmid
Karl Feiden, Helga Blasius: Doping im Sport: Wer-Womit-Warum, Stuttgart, 2008 (2. Aufl.), Wissenschaftliche Verlagsgesellschaft mbH
http://www.on-dope.de/doping-in-der-ddr
http://www.dopinginfo.de/
http://www.planet-wissen.de
http://de.wikipedia.org/wiki/Sport_in_der_DDR
http://www.doping.de/geschichte-des-doping/doping-in-der-ddr/
http://www.schule-bw.de/unterricht/faecher/sport/.../ha_doping_07.pdf
http://de.wikipedia.org/wiki/Deutsche_Demokratische_Republik
http://de.wikipedia.org/wiki/Doping
http://www.cycling4fans.de

Bildquellen:	
Abb. 1:	http://www.sportschau.de/sp/doping/webmagazin/evb.php5?evbox=3_8_ddr&page 2
Abb. 2:	http://www.planet-wissen.de/sport_freizeit/olympische_spiele/doping/doping_geschichte.jsp

Abb. 3:	http://boxrec.com/media/index.php/Jupp_Elze
Abb. 4:	http://www.schule-bw.de/unterricht/faecher/sport/.../ha_doping_07.pdf
Abb. 5:	http://www.dopinginfo.de/rubriken/01_doping/06.html
Abb. 6:	http://www.fr-online.de/doping/ddr-doping-im-land-des-leugnens,1473470,2677600.html
Abb. 7:	Brigitte Berendonk: Doping Dokumente: Von der Forschung zum Betrug, Berlin/Heidelberg, 1991, Springer-Verlag; S.191